सरनेम

सरनेम

वैशाख राठौड

वाणी प्रकाशन

BOOKS

4695, 21-ए, दरियागंज, नयी दिल्ली 110 002

फ़ोन : +91 11 23273167 फ़ैक्स : +91 11 23275710

sales@vaniprakashan.in

SURNAME
by Vaishakh Rathod

ISBN : 978-93-5229-605-7
Poetry

प्रथम संस्करण
मूल्य : ₹ 225

थॉमसन प्रेस, दिल्ली-110 020 में मुद्रित

नाइन बुक्स, वितरक वाणी प्रकाशन, सहयोगी संस्था

इन कविताओं में अगर कहीं कुछ
शुभ हो, सुन्दरतम हो, कोमलतम हो,
तो वो सारे शब्द मेरी फूल सी माँ
रतनबेन राठोड
के लिए
और कहीं भी थोड़ी सी सच्चाई हो
ज़िन्दगी से लड़ने की ताकत हो,
तो वो सारे शब्द चट्टान जैसे मेरे पिता
कान्तिलाल राठोड
के लिए

और फिर यूँ हुआ...

गुजरात के अहमदाबाद में जन्म लिया, औरों की तरह बड़े हुए, 12वीं पास करने के बाद कॉलेज जॉइन किया, कॉलेज से मंच मिला, मंच से नाटक, नाटक करते-करते, एम.ए, एम.एड. (अंग्रेज़ी) तक की पढ़ाई पूरी की, फिर अपने ऐतिहासिक शहर के बहुत से स्कूलों में नौकरी करते रहे.., थियेटर हाल के ग्रीन रूम्स में किताबों ने उँगली थमा दी...तो हाथ पकड़ लिया...फिर कविताएँ, नज़्म, कहानियाँ, नाटक—गुजराती और हिन्दुस्तानी में कहते रहे, घरवालों की कभी सुनी नहीं, ऊपर से साथियों ने हौसला दिया, तो गोता खाते-खाते गुजराती और हिन्दी फ़िल्मों और नाटकों में गाने लिखे, शब्दों के चूल्हे पर कुछ कविताएँ पकीं तो उसे किताब का चेहरा मिला जो आज आपके हाथ में है, इस मजमुए की कुछ कविताएँ बांग्ला, मराठी और अंग्रेज़ी में में हुई हैं, कुछ कविताएँ हिन्दुस्तान और विदेश की मुख़्तलिफ़ पत्रिकाओं में छपती रहीं...कुछ कविताओं को शॉर्ट फ़िल्मों में स्थान मिला...कुछ बड़ी बहादुर थीं कि उन पर अलग से छोटी फ़िल्में बनायी गयीं, एक आध कविता तो चलते-चलते 'सेण्ट्रल यूनिवर्सिटी' (गाँधी नगर) के सोशियल मैनेजमेंट के सिलेबस में पहुँच गयी!!

पर, अब डर लग रहा है कि आप पढ़ेंगे तो क्या कहेंगे? ...अगर कुछ बोलें तो बात और है...पर यदि नहीं..!!! तो...!!

शुक्रिया

ज़बाँ थी पर बोलने के लिए अल्फ़ाज़ नहीं थे, कुछ चुनिन्दा अदीबों की किताबों से उधार मिले तो बोलने लगे, उन भाषाओं और अल्फ़ाज़ों का शुक्रिया जिन्होंने मेरे 'व्याकरण की मात्राएँ' ठीक कीं।

ख़यालों को वजूद का साथ मिला तो कविताओं ने कोरे काग़ज़ों पर अपना डेरा जमा लिया, जो कविताएँ बड़ी हो गयीं, अपनी ज़िम्मेवारी ख़ुद उठाने के क़ाबिल, उन्हें अपने रास्ते, अपने घर छोड़ने, गली के मोड़ तक आयी उन नाराज़ कच्ची कविताओं का शुक्रिया।

डॉ. शर्मा जिन्होंने इस किताब के कान पकड़ कर पास बिठा लिया और इंटोनेशन के बाल हवा में उड़ रहे थे उसे बीट देकर ठीक किया, और श्री बीरेन्द्र मिश्रा जिन्होंने भाषा की गलतियाँ समय से पहले सुधार के दी इन दोनों अज़ीज़ों को धन्यवाद...।

चाय के कप में डूबकर मेरे कुछ दोस्तों ने, जिन्होंने मुझे वक़्त-बेवक़्त सुना है, और देर-देर तक लम्बी तकरीरें की हैं...उन्हें शुक्रिया कहने की आवश्यकता नहीं है।

आदरणीय स्वरूप ध्रुव को मेरा सलाम, जो मेरी कविताओं को पढ़कर, मेरी आवाज़ को डिकन्स, ह्यूगो और दोस्तोयव्स्की की गलियों में ले गये।

इन कविताओं को 'किताब' का 'घर' देने की कोशिश में जुटे, जो कि आजकल बहुत महँगा मिलता है, वाणी प्रकाशन के स्वत्वाधिकारी अरुण माहेश्वरी को इस मुश्किल काम को आसाँ बनाने के लिए शुक्रिया...।

'सरनेम' : प्रतिरोध के शब्दरूप

वैसे तो नया सूरज बनाने वाले कवि के लिए किसी भी 'सरनेम' की ज़रूरत ही क्या है? फिर भी...वास्तव की ये चुनौती है कि यहाँ एक नौजवान कवि 'उसको लिखने वाले' को जब कहता है कि मेरे नाम के पीछे से यह सरनेम हटा दे–तब उसकी आवाज़ में विनती या लाचारी नहीं है; एक ललकार सी है जिसे सुनने के लिए हम सालों से बेताब है।

वैशाख की कविता को 'प्रतिरोध की कविता' कहना लाजमी होगा, हालाँकि उसकी कविता को किसी भी लेबल से बाँधना फ़िज़ूल होगा। नयी पीढ़ी के इस कवि ने ठान लिया है गोया कि वह इस समाजी ढाँचे में घुसेगा और अन्दर जाकर उसे झकझोर देगा–चकनाचूर कर देगा।

उसकी एक अहम रचना है 'बुधन'। मुझे लगता है कि वह केवल बुधन सबर की बात नहीं कर रहा है... कई सारे बुधन बोल उठे हैं इस रचना में। कई सारी-दबी कुचली ज़िन्दगियों की आवाज़ें हैं यहाँ जो अब खुलकर खेलनेवाली हैं। सूरज से पहले उठने वाले उस हर आम इन्सान की चाह है ये 'संग्रह' जो कि मौत को धोखा देकर ज़िन्दगी से ब्याह करने जा रहा है। कपड़ों की रंगारंग बुनावट से सामाजिक भिन्नताओं को नंगा करने की जुर्रत है ये 'संग्रह'। बाप-भाइयों की नज़रों के सामने जिसकी अस्मत लुट रही है वैसी कुँवारियाँ है ये संग्रह। आग का स्वाद जानने वाली रोटी है ये 'संग्रह' और जीवन का गुलाम बनकर उसके पैरों से रौंदा गया 'मै' है ये संग्रह। लोहे का धुआँ है ये 'संग्रह', सच कहा है वैशाख ने कि कुछ संघर्ष सचमुच ही बहुत अलग होते है–अंडमान निकोबार की तरह। और वैसे कई सारे संघर्षों के ख़ून से सनी यह रचनाएँ बहुत ही अलग हैं–सचमुच।

वैशाख की रचनाओं में समाजी सरोकार और राजनीतिक तनाव भी है मगर

घटना-दुर्घटनाओं के गच्चे शब्दों में ढालने की उसकी फितरत नहीं है। कौमी मानसिकता या जातिवाद से जुड़े वाक़ये बहुत ही नाजुक रंग रूप में ढलकर यहाँ आये हैं जैसे 'ख़ुदा', 'मौसम', 'बूढ़े आसमान में...', 'कौसर बानो और अंजली भाभी', 'परमवीर चक्र', 'ज्ञानपीठ बनाम नोबेल', 'बूढ़ी शबरी : हमारी मेहनत की एक मुट्ठी,' 'सूरज : (गुजरात के दंगों को देखकर बीमार पड़ गया है)'।

अब देखिए, कैसे प्रतिरूपों (इमेजेज) को वह अपनी बातों को कहने के लिए चुनता है : 'टिमटिमाते उसके सभी बच्चे जल गये, बूढ़े आसमान में कल किसी ने आग लगा दी'। या 'आज अख़बार में ख़बर छपी है कि कल रात कुछ फ़रिश्ते आये थे मेरी बस्ती में सोये हुए लोगों के सिरहाने सपनों के पुर्जे रख कर चले गये...' या 'अब मेरे गाँव की बेटी अनाज की जगह शरीर को रोटी समझ रही है' या 'सूखे पत्तों से वादा किया था तो उसे बसन्त की बर्फी लाकर खिलानी है'...अनगिनत हैं ऐसी पंक्तियाँ जो बड़ी शिद्दत से सबूत दे रही हैं कि विचारधारा से जुड़ी कविता भावनाओं से खाली नहीं होती है।

वैशाख की भाषा में सादगी है, सपाटबयानी नहीं है, वर्ना हमें 'संघर्ष', 'ख़ुदा', 'देवों की नींद वाला गीत', 'कल रात चाँद ने ख़ुदकुशी कर ली' जैसी संकुल राजनीतिक रचनाएँ नहीं मिलतीं। दुर्घटनाओं के पश्चात की इन रचनाओं में पीड़ा और कटाक्ष ही नहीं एक झन्नाटा हुआ चाँटा भी है, जो कि हमारी समाजी और सियासी व्यवस्था के बेशर्म गालों पर पड़ने की हिम्मत रखता है।

ज़रूरी नहीं है कि प्रतिबद्ध रचनाएँ बन्धनग्रस्त हों। इन रचनाओं में किसी एक समुदाय या वर्ग की हिमायत नहीं है, बल्कि जाति-पाँति-धर्म-देश-भाषा...तमाम को लाँघकर सही में, दुनिया भर के गुलामों की ज़ंजीरों को तोड़ने का ऐलान है। कोई कह सकता है कि वैशाख की कविता 'पाश' और 'महाश्वेता देवी' की खाद मिट्टी से पनपी हैं—होंगी—मगर मैं कहूँगी कि उसकी रचनाएँ डिकन्स, ह्यूगो, और दोस्तोयव्स्की की दुनिया की गलियों में भी जा मिलती हैं।

नयी फ़सल की इन रचनाओं में कच्चे आमों सी ताज़गी है, कुछ खट्टापन है—कुछ कड़वाहट भी। ज़िन्दगी ने कवि को जो दिया है उसको लौटा रहा है वह अपने तरीके से—वापस—कई सारी ज़िन्दगियों के लिए।

आज के समय में जहाँ कविता साहित्य गुटखे के रूप में जुगाली किये जा रहे हों, अनेक गुटों में कसे-बँधे हों, महज प्रतिष्ठा पाने के पायदान बने हों वहाँ वैशाख की इन रचनाओं का नये सिरे से स्वागत करना अपने आप में एक महत्त्वपूर्ण घटना बनेगी। ज़िन्दगी की तल्खियाँ और जीवन की मिठास के बहुरंगी पल इस छोटे-से संग्रह में जिस तरह सँजोये गये हैं उसकी झाँकी पाना उसमें डूब जाना...आज के पाठक के लिए एक नया अनुभव हो सकता है क्योंकि यह रूमानी सपनों की कविता नहीं है, जागती हुई आँखों का रोमांस है जिसकी ललक शायद हम सबके बस की बात नहीं है; फिर भी—जब इस ललक की अनुभूति होती है तब वह बहुत ही अपनी सी लगने लगती है...और 'सरनेम' की कविता में वह कुव्वत मौजूद है। इन रचनाओं से गुज़रना अपने आप में एक सांस्कृतिक सफ़र बन सकता है, क्योंकि यह समाज एवं सियासत के ऐसे कई आयामों को उकेरती हैं जिन्हें हम अक्सर नज़रअन्दाज़ करते हैं। पर असल में ये आज की बातें हैं। आज की भाषा है। आज के संवेदनशील युवा के हस्ताक्षर हैं जो संस्कृति की नुकीली कगार पर खड़ा है।

अनुक्रम

सरनेम

वेद व्यास और वाल्मीकि
ये दोनों विश्व महान लेखक थे
नहीं..नहीं...विश्व चतुर लेखक थे...
महाभारत और रामायण
ये महाकाव्य लिख गये
और धीरे-धीरे पवित्र ग्रन्थ बन गये
इनमें से कई पात्रों को
हम भगवान मानते हैं
उन्हें पूजते हैं
और इन्हीं ग्रन्थों के पन्नों की धूल से
अपनी संस्कृति की नींव बनायी गयी

मेरे पात्र को लिखने वाले
ओ...मेरे लेखक
क्या तूने इन ग्रन्थों को पढ़ा है?
अगर पढ़ा भी है तो समझा नहीं होगा
मुझे यक़ीन है

सभी रसों को मिलाकर तूने मेरे पात्र को बख़ूबी लिखा
हर क्षण के पन्नों पर अपनी पिंछी से नये-नये रंगों को खींचा
पर चींटी जैसी एक भूल कर बैठा
मेरे नाम के पीछे सरनेम लगा बैठा
परमार, मोहम्मद, भील
और पगड़ी वाला सिंह
तू नहीं जानता पर ये चींटी
तलवार की तरह काटती है

चारों ओर से फटकारती है
डराती है, धमकाती है
कोई दोस्ती नहीं करता
कोई नौकरी पर नहीं रखता
दिल में मातम सा छाया रहता है
कभी पानी को तरसता हूँ तो कभी रोटी को
चील कौओं को छोड़ के
अब आदमी नोचते हैं मेरी बोटी-बोटी को

कभी ईद के जुलूस में सुलगता हूँ
तो कभी राम की रथयात्रा में

ओ...मेरे लेखक ज़रा सोच
अगर
ये विश्व चतुर लेखक
राम को—राम परमार कहते
सीता को—सीता चमार कहते
कृष्ण को—कृष्ण मोहम्मद कहते
पाण्डवों को—पाण्डव भील कहते
और
रावण को—रावण सिंह कहते

तो क्या हम गीता पर हाथ रखकर कसमें खाते?
इन ग्रन्थों के संस्कार अपने बच्चों को सिखाते?
ओ...मुझे लिखने वाले मेरे लेखक
मेरे नाम के पीछे से सिर्फ़ ये सरनेम हटा दे
फिर देख...तुझे हर जगह

कृष्ण मिलेंगे
पाण्डव मिलेंगे
सीता मिलेंगी
और
युग पुरुष
राम मिलेंगे

माँ

रात की स्याही से भीग जाती है
मेरे हाथों के काग़ज़ पे ख़ुदबख़ुद उतर आती है
दम घुट जाता है उसका
मुझ से बिछड़कर
इसलिए मेरे मन की हवाओं में
शोर मचाते पंछी की तरह
उड़ती रहती है

दूर कहीं पहाड़ों के पीछे से सूरज निकालती है
सहारा की तप्त रेत पर उसे काम करना सिखाती है
फिर शाम को दरिया में ले जाकर
उसे नहलाती है

रेस कोर्स के मैदान में जब
थक जाती है ज़िन्दगी दौड़ती दौड़ती
तब उसे मीठे झरने का पानी पिलाती है
घने जंगल के कुछ फल तोड़ के खिलाती है
उसके माथे को चूमके
भर देती है नयी ताक़त उसमें

जब कोई बच्चा
मन्दिर या मस्जिद की सीढ़ियों से गिर पड़ता है
रोने लगता है
चिल्लाता है लाइलाज दर्द से

तब वो उसके घाव पर
चन्दन मिश्रित
धर्म निरपेक्षता का लेप लगाती है

इसी तरह
रखती है हमेशा अपनी आँखें खुली
शाम को अपने बच्चों के लिए
जो पढ़ने गये हैं, और जो बटुआ कमाने में जुटे हैं,
लाल आसमान पर खाना बनाती है
और कुछ ना कुछ काम करती रहती है
कभी कभी कविता, 'मेरी माँ' जैसा व्यवहार करती है

आग का गीत

पानी से क्या नहाना, चलो आग से नहायें
खेतों में जाकर मुट्ठीभर चावल उगायें

मिट्टी के कुछ घर बनायें उस लूटे संसार में
कुछ बस्तियाँ उजाड़ी थीं जहाँ कल सरकार ने
रोते हुए बच्चे को चलो खिलौना दिलायें
पानी से क्या नहाना, चलो आग से नहायें

अपने पाप बाद में धोना गंगाजल में
नदी को लेकर आये 'सुखिया मोची' के नल में
छोटे छोटे चलो चाँद के पेड़ लगायें
पानी से क्या नहाना, चलो आग से नहायें

आदिवासियों के घर इस तरह काट गये
कुछ दीमक दबे पाँव आये जंगलों को चाट गये
ज़मीं को बरसात दे, फूलों को ख़ुशबू, चलो पेड़ों को फल खिलायें
पानी से क्या नहाना, चलो आग से नहायें

उलझी-उलझी हर साँस को समझ लेती है
मेरी हर तम्मना वो पूरी कर देती है
आज कुछ उल्टा करें चलो माँ को लोरी सुनायें
पानी से क्या नहाना, चलो आग से नहायें

हड़ताल

एक दिन एक गाँव के अस्पताल में
अगल-बगल में
दो बच्चे पैदा हुए थे
उस दिन गाँव में
दीवाली की मिठाई बाँटी गयी
ईद की सेवैयाँ खिलाई गयीं
गाँव वाले उन बच्चों को
गोदी में उठा कर
खाना खिलाते, पानी पिलाते
पेट में गुदगुदी कर के उनको हँसाते

अभी तो वो इतने बड़े हुए भी नहीं थे
कि जिसकी कोख से पैदा हुए
उसको माँ कहकर बुला सकें
जिसकी नर्म हथेली उनके चेहरे पर फिरती थी
वो उनका बाबा है
वो ये भी नहीं जानते थे
नाम भी सोच नहीं पायी थी उनकी फूफी अब तक

वो इतने भी बड़े नहीं हुए थे
कि रात के अँधेरे में किसी कोने में जाकर
अकेले सु-सु कर सकें

उनके नाना उनके लिए जो खिलौने लाये थे
उसमें बैठ कर गुड्डा गुड्डी की शादी में जाना भी अभी बाकी था
थोड़ी सी किताबें और बड़ा सा बक्सा
साइकिल पर ले जाना था
उनके स्कूल मास्टर को उनको
होमवर्क देना भी बाकी था

तभी कोई आया
हाथ जोड़े
होठों पर नकली मुस्कान लिए
माथे पर सफ़ेद टोपी पहने हुए
चेहरे से तो आदमी लगता था
पर पता नहीं कौन था?

आ कर उसने
एक के हाथ में
वेद व्यास ने लिखा महाभारत थमा दिया
जिसका वज़न वो उठा भी नहीं सका

दूजे के हाथ में
फ़ारसी में लिखी क़ुरान
जिसकी आयतों में वो उलझ कर रह गया

अब
दीवाली के दिन पटाखों की जगह
कुछ घर जलते हैं
ईद के दिन
सड़कों पर लारियों में सेवैयों की जगह
लहू भरे कटोरे बिकते हैं

अब उस गाँव में
कोई भी बच्चा जन्म नहीं लेता

क्योंकि आने वाले सभी बच्चों ने मिल कर
इक ख़ुदा को अर्ज़ी लिखी है
"जब तक इस गाँव में मन्दिर है, मस्जिद है
तब तक हम पैदा नहीं होंगे
आज से हम हड़ताल पर जा रहे हैं"

मौसम

कब कहाँ कैसे क्या हो गया
पता ही नहीं चला
थोड़ी सी आँख लग गयी
और तू मौसमों से बिछड़ गया

सुबह को जो लोग काम पर गये थे
शाम से रात तक अपने घोंसले ढूँढ़ते रहे
पर सूखे पत्तों की सरसराहट के सिवा
कुछ न मिला उन्हें
मुझे नहीं लगता कि तिनके भी मिल पायेंगे उन्हें
फिर से घर बनाने को

सर्दियों में उजली-उजली जो बर्फ़ गिरती थी पहाड़ों पर
वो आसमान के किसी अँधेरे कोने में छिप गयी है जा कर
पर्वत कुछ इस तरह से हो गये हैं दुबले
जैसे गुप्त रोग पीड़ित कोई दर्दी
उसकी सब नदियाँ, झरने सूख गये हैं
किसी बासी रोटी की तरह

वो अपने पैरों पर खड़ा नहीं हो सकता
आसमान को अब छू भी नहीं सकता
अब सम्भव नहीं उसका बचना
वो बेहया दर्द के मारे कराह रहा है
इसीलिए उसकी गोद में खेल कर बड़े हुए थे जो छोटे-छोटे पेड़

उसके जल्दी से मरने की दुआ करते हैं
मुझे नहीं लगता कि मरने के बाद
उसकी आत्मा भी भटकेगी ज़मीं पर

सुनाई नहीं पड़ता सन्नाटा भी अब श्मशानों में
मज़ारों के अन्दर बचे कुछ ख़ून के कतरों ने
धरती को हिला के, गर्म शोलों के साथ
बाहर आना शुरू कर दिया है
जिस तरह भूखा भेड़िया बकरी के लौंदे को देखते ही
उस पर टूट पड़ता है
ठीक वैसे ही
जैसे सदियों का भूखा भिखारी
मोतीचूर के लड्डू को देखते ही उस पर लपकता है
उसी तरह धरती के शोलों ने
पशु-पक्षियों समेत जंगलों को शुरू किया है निगलना
मुझे नहीं लगता कि इन भूखे भिखारियों से
बच पायेंगे
मोतीचूर के लड्डू जैसे जंगल

कोई मौलवी जब दुआ करता है बारिश को बरसाने की
इन ऊँचे आसमानों से
तब ये सिरफिरे बादल
सूखा बरसाते हैं
जब कोई पण्डित प्रार्थना करता है बारिश की
किसी रंगीन स्वर्ग से
तब ये कठोर बादल
बाढ़ बरसाते हैं
और बारिश को बोरियों में बाँध के बहा देते है गन्दी गटरों में
मौलवी की दुआ और पण्डित की प्रार्थना
ठीक से सुन नहीं पाता ये नीला अम्बर
क्योंकि भगवान महावीर की तरह
ख़ुद हमने ही उसके कानों में कीलें ठोंक दी हैं

मुझे नहीं लगता
कि उसके कानों में अब हम मरहम लगाने का मौका पायेंगे
बस एक दो दिन में सब कुत्ते की मौत मर जायेंगे
तब गन्ध मारती हमारी लाशों पर बारिश की एक बूँद आकर गिरेगी

और धीरे से कानों में कहेगी
कब, कहाँ, कैसे, क्या हो गया,
पता ही नहीं चला
थोड़ी सी आँख लग गयी
और तू मौसमों से बिछड़ गया

रोटी

कोई नहीं पूजता भगवान को उसके बाद
क्योंकि रोटी जानती है आग का स्वाद

पतरे के डिब्बे बनाकर
लालटेन की घनी धूप खरीदता है
कोई बाप अपने बेटे के लिए
तब दीए तले रखी किताब
और ज़्यादा मुस्कुरा उठती है
और
दस-दस उँगलियाँ थोड़ा और ज़्यादा ज़ोर से
पढ़ने लगती हैं
ख़्वाब से भीगे पन्नों को

क्योंकि रोटी जानती है आग का स्वाद

काली लम्बी-चौड़ी सड़कों में
ईश्वर ने
थोड़ी-थोड़ी सी दूरी पर गाढ़ी है ख़ज़ानों की पेटियाँ
छोटे बड़े सब पेट भागते हैं पाने के लिए
जिस पेट को मिल जाती हैं पेटियाँ
वो डकार खा के सो जाते हैं
कुछ पेट थककर मुरझा जाते हैं
बिना पानी को
और जो थके नहीं हैं

वो घोड़ों की तरह दौड़ते रहते हैं

क्योंकि रोटी जानती है आग का स्वाद

आज अख़बार में ख़बर छपी है
कि कल रात को कुछ फ़रिश्ते आये थे
मेरी बस्ती में
सोये हुए लोगों के सिरहाने
सपनों के पुर्जे रखकर चले गये
उस में लिखा था...
"जल्दी उठकर रथ पर सवार हो बस एक क़दम दूर है तुम्हारी रियासत"
और सुबह-सुबह
मुर्गे की बाँग से पहले ही
कुछ टिफिन निकल पड़ते हैं पाने को अपनी रियासत

क्योंकि रोटी जानती है आग का स्वाद

जेब

जब जेब हमारी खाली होती है
तो कई उँगलियाँ उसे काटने का नाजायज़ प्रयत्न करती हैं
तब हमारे दिल में क्रान्ति की लौ जल उठती है
फिर हम मन्दिर की सीढ़ियों पर बैठे बैठे
गन्दी गालियाँ देते हैं

उस मालिक को, जिसने आज हमारी तनख्वाह काट ली है
उस पत्नी को, लौटते वक़्त शाम को जिसने एक साड़ी लाने को कहा है
उस बच्चे को, जो कल से चोकलेट माँग रहा है
उस बनिये को, जिसने हर चीज़ के दाम बढ़ा दिये हैं
उस बाप को, जो आस लगाये बैठा है
कि आज उसका बेटा उसका चश्मा ठीक करवा लायेगा
उस भाई को, जो इण्टरव्यू देने जाता है
और उससे हमेशा पैसे माँगे जाते हैं
नौकरी के लिए
उस मन्दिर के पुजारी को, जो पैसा लेके भी गलत-सलत दुआएँ देता है
उस अख़बार के तन्त्री को, जिसने कई बुरी ख़बरों के बीच
सिर्फ़ एक अच्छी ख़बर छापी है
उस मन्त्री को, जो अपने बाल कटा के विदेश से अभी लौटा है
उस झोंपड़पट्टियों में रह रहे उन सभी गुलामों को
जो आज़ादी के नारे भी सही तरीके से नहीं लगा सकते
तब ये सब हमारी गालियों के जवाब में सिर्फ़ मुस्कुराते हैं
क्योंकि हमें पागल समझा जाता है
फिर हम यही गन्दी गालियाँ

आसमान के किसी कोने में छिपे स्वर्ग को
पाताल में दबे पृथ्वी के अँधेरे गर्भ को
सुनाते हैं
पर कोई भी देवता पैसा रखने नहीं आता हमारी खाली जेबों में

फिर तिरंगे झण्डे के नीचे जा कर
एक ऐसा जन्तु बनने की इच्छा करते हैं
जो पलभर में जन्मे और पलभर के बाद मर जाये
बिना कोई ख़्वाहिश पूरी किये
पर ऐसा हो नहीं पाता
और तब हम
हमारी क्रान्ति की लौ में पेट्रोल छिड़क कर
उसे और भड़काते हैं
उसके बाद हमारे सबसे प्रिय शब्द
जिसके लिए सरहद पर कई बेटे शहीद होते हैं
और सरहद के अन्दर कई कुत्ते की मौत मर जाते हैं
उस 'भारत' को गालियाँ देते हैं
तब लोकतन्त्र बम के गोले की तरह गहरी नींद से जाग उठता है
आँखें मसलते-मसलते ही हमारे माथे पर
देशद्रोही का सिक्का चिपका देता है
तब हम उसी तिरंगे के नीचे
क्रान्ति की लौ पर ख़ुद पानी डाल देते हैं
बुझा देते हैं

उसके बाद

जब जेब हमारी खाली होती है
तब आदेश देते हैं अपनी नाजायज़ उँगलियों को
किसी की जेब काटने का।

मैं रह गया बच्चा

ज़िन्दगी बहुत बड़ी हो गयी और मैं रह गया बच्चा
जैसे आम के पेड़ पर रह गया एक अकेला आम कच्चा

मेरे घर के कोने में कच्चे मिट्टी का एक चूल्हा था
जिस पर मेरी माँ हमें
गेहूँ की मीठी-मीठी रोटियाँ बनाकर खिलाती
एक दिन मैंने एक भूखे फकीर को देखा
तो तवे से गरम गरम एक रोटी उठा कर
तपाक से उसको दे आया
मुझे क्या पता था
एक दिन वही फकीर
मेरे घर के चूल्हे की आग चुरा ले जायेगा

एक ही साइकिल पर सवार हो कर
हम स्कूल जाते थे
एक ही किताब के पन्नों से
रुपये कमाने के
नये-नये करतब सीखते थे
मेरा वो जिगरी यार
हर साल अपनी माँ को, अपने बाप को
चार धामों की यात्रा करवाता है
और मेरी माँ
अब भी किसी के घर खाना बनाती है
और मेरा बाप

वो देखो
लकड़ियाँ काट के अपने काँधों पर ले आ रहा है

मेरे पड़ोस में रहता वो राजू वकील
गीले-गीले मौसमों को रिश्वत दे के
भीगे बादलों को खरीदता है
और मुझे ऐसी कोई भी तरकीब नहीं आती
कि मैं ओस की बूँद को भी
अपने घर के आँगन में खिले छोटे से पौधे पर गिरा सकूँ

मेरी चद्दर बहुत छोटी है
और एक सिरे से फटी भी
चरखा चलाना मुझे आता नहीं
और सूई में धागा अटका पड़ा है
यार, दोस्त, रिश्तेवाले मुझे कोई पहचानता नहीं
किसी रेशमी कीड़े को भेज मेरे ख़ुदा
जो मेरी चद्दर सी दे

मैं अकेला भी हूँ
और थोड़ा डरा सा भी
क्योंकि
ज़िन्दगी बहुत बड़ी हो गयी और मैं रह गया बच्चा
जैसे आम के पेड़ पर रह गया एक अकेला आम कच्चा

देवों की नींद का गीत

लोरियों के दानों के लिए मचलता है
किसी माँ का आँचल तड़पता है
जब कोई मासूम कच्ची नींद से रोता है
तब देवता हमारा कहाँ होता है?

सूखा बरसता है भीगे मौसमों में
कड़वाहट भर जाती है फूलों की ख़ुशबुओं में
कोई बूढ़ा जंगल अपने सारे पेड़ खोता है
तब देवता हमारा कहाँ होता हैं?

है सबूत कि इनसानियत का चेहरा और सख़्त हुआ
पंछियों का वो हरा-हरा शोर अब ख़त्म हुआ
आग की चिंगारी अपने काँधों पर ढोता है
तब देवता हमारा कहाँ होता है?

दिखाता है दरवेश के पास बैठ कर अपनी हथेली
लगता है तब ये शहर मृगजल में फँसी मछली कटेली
सपनों से जली राख रात में कोई बोता है
तब देवता हमारा कहाँ होता है?

चारों सिम्त काला कोहरा धुन्ध ही धुन्ध
सूरज को नज़र लगा गयी मज़दूर के पसीने की बूँद
लात मार के चाँद को, सेठ कोई आसमान में सोता है
तब देवता हमारा कहाँ होता है?

चुरा कर लेकर गया कोई ठण्डी नींदों की ख़ुशबू
सुबह-सुबह आती है तकिये से सपनों के पसीने की बू
नानी की बातों से अब कोई नहीं सोता है
तब देवता हमारा कहाँ होता है?

रिश्तों की नर्म गाँठें खोल दी हैं मैंने
अभी-अभी, उमड़ी एक बाढ़ रोक दी है मैंने
आदमी जब आदमी को नोचता है
तब देवता हमारा कहाँ होता है?

वो दिन में मन्दिर के भजन सुनता है
शाम मस्जिद में अज़ान पढ़ता है
और
रात नशे में धुत्त रास्तों पर पड़ा मिलता है।

इनकार तो है मुझे

मुझे इनकार नहीं कि मैं छारा हूँ
मुझे इनकार नहीं कि मैं लकड़हारा हूँ
मुझे इनकार नहीं कि तुमने मुझे चोर कहा या दारू बेचनेवाला
मुझे इनकार नहीं कि तुम देवता और मैं तुम्हारें जूतों का रखवाला
मुझे इससे भी इनकार नहीं कि तुम शास्त्र पढ़नेवाले पोथी पंडित
और मैं मरे हुए जानवर की चमड़ी छीलनेवाला दलित

मेरी किताबें जला दीं कोई बात नहीं
मेरी बस्ती को आग लगा दी कोई बात नहीं
तुमने मुझे मन्दिर में आने से रोका
मैं रुक गया
तुम्हारे घर के गन्दे नाले साफ़ करने को कहा
मैंने बिना हिचकिचाहट वो भी किया
तुम्हारी गालियों को आशीर्वाद समझा
तुम्हारी मार को मन्दिर का प्रसाद
मैंने वह सब किया
जो मेरे पुरखों ने
तुम्हारे बाप-दादाओं के घर किया था
एक पालतू कुत्ते की तरह

इनमें से मुझे किसी बात से इनकार नहीं है
पर
इनकार तो है मुझे
एक ही बात से

जिस प्रक्रिया से गुज़रकर
तुमने जन्म लिया
किसी माँ की कोख से
मैंने भी उसी प्रक्रिया से गुज़रकर
एक माँ के पेट से ही जन्म लिया
तो फिर तुम ब्राह्मण कैसे बन गये
और मैं अछूत?

मुझे इनकार है इस जन्म की प्रक्रिया से
ओ मेरे देवता...
मुझे किसी और तरीके से पैदा कर।

रथयात्रा

न जाने तूने,
कितने ही बच्चों को यतीम बनाया
कितनी ही औरतों को नंगा कराया
कितनी ही माँओं को बाँझ बनाया
कितने ही बापों का घर उजाड़ा
गली मुहल्ला गाँव शहर सबको बारी बारी जलाया
भाई के हाथों भाई को ही ज़मीन में गड़वाया
आँख से रोशनी छीन ली, दिमाग़ से अक्ल
काले धुएँ में सारे शरीर हो गये अंजर पंजर
कल जहाँ लहलहाती फ़सलें थीं उगी
आज वहाँ राख ही राख है बची
बच्चों के मासूम खेल को सन्नाटा निगल गया
जब तू मैदान में उतरा सब कुछ जल गया
अब भी मेरे घर की दीवारें डर रही हैं
उसके हाथों लगी मेहँदी से, 'लाल नदी' उतर रही है
और तुझे
ज़रा सा भी दुःख नहीं होता?
दुःख तो ठीक है
तुझे शर्म भी नहीं आती!

आज फिर से तू,
मुस्कुरातें
सोने का मुकुट पहने
अबीर गुलाल उड़ा के

अपनी प्रसिद्धि की भूख मिटाने
जिस अछूत शबरी के जूठे बेर खाये थे
उसी की बस्तियों को पैरों तले रौंद के
चाँदी के रथ पर हो कर सवार
रथयात्र कर रहा है

देखो सीता का पति
आज फिर से भगवान बना है

रावण को बुलाओ
आज अयोध्या दहन करके
राम का वध करें।

बूढ़े आसमान में कल किसी ने आग लगा दी

टिमटिमाते उसके सभी बच्चे जल गये
धीरे-धीरे राख बनकर ज़मीं पर बिखर गये
बूढ़े आसमान में कल किसी ने आग लगा दी

बूट पोलिश करने वाले वो नौ साल के बच्चे को
तेरे साये तले कभी नींद नहीं आती
पूरा दिन मज़दूरी करता है फिर भी
उसकी पेट की थाली में
तूने कभी खाना परोसा नहीं
और चूल्हे की आग रोज़ तेज़ कर देता है
और थाली तपती रहती है
तुझे उसकी भूख को

यूँ नज़रअन्दाज़ करना नहीं चाहिए था!!

उन आदिवासियों की तरफ़ देख
जो तेरी विशाल प्रकृति को सँभाले हुए हैं
कितने डरे-डरे
सहमे-सहमे
मुरझाये हुए लगते हैं
एक भेड़िया उन्हें
हौले हौले चबाते हुए खा रहा है
कच्चे मांस की तरह
तुझे उनके तीर की धार को

चीख और पुकार को
जंगल के भस्म की राख को

यूँ नज़रअन्दाज़ करना नहीं चाहिए था!!

तेरी दी हुई बंजर ज़मीन पर
अपना पसीना सींच कर
दुनिया को दावतें उगा कर दीं
उसका बेटा
किसी ठाकुर के घर हाथ फैलाये खड़ा है
जब कि उसे होना चाहिए था असली राजकुमार
फटे कपड़ों से टपकती कोमल जिस्म की नदी को
काले कौए
अपनी चोंच से चाट रहे हैं
बारी बारी अपना हिस्सा बाँट रहे हैं
वो उसकी बेटी है
जिसे होना चाहिए था असली राजकुमारी
और वो ख़ुद
अपने ही खेत में
अपनी ही फ़सलों के बीच मरा पड़ा है
तुझे इन किसानों की मेहनत की तपिश को

यूँ नज़रअन्दाज़ करना नहीं चाहिए था!!

कल रात
वो सब मिले
फिर अपने दिल की ज़मीन में दबे लावा को
एक साथ भड़का दिया
और
टिमटिमाते तेरे सभी बच्चे जल गये
धीरे-धीरे राख बनकर ज़मीं पर बिखर गये
बूढ़े आसमान में कल इन सब ने मिलकर आग लगा दी

घर

जानता हूँ मैं
मुझे देखकर
तुम इतना इतरा क्यों रहे हो
क्या हुआ जो मेरे पास तुम जैसा घर नहीं
ईंट सीमेण्ट वाला रंगीन छप्पर नहीं
मेरे घर में ऐसी एक भी चीज़ नहीं
जो एक आदमी को ख़ुशियाँ दे सके
मेरे घर को देख कर तुम ऐसे नाक सिकोड़ते हो
जैसे एक कछुए को छूते ही वो अपना शरीर सिकोड़ता है
तुम्हारे मेरे बीच ऐसा ही फासला है
बसन्त और पतझड़ जैसा
फिर भी तुम्हारे चेहरे पर सुकूँ की एक बूँद नहीं
और मेरे चेहरे के पहाड़ पर
उसकी नदी बह रही है
मालूम है
ऐसा क्यों है?

क्योंकि
सूरज की पहली किरन मुझे छूकर निकलती है
बारिश की पहली बूँद मुझे भिगोती है
रात, चाँद की चाँदनी मेरी थाली में परोसती है
कोई भी सन्नाटा मेरे कानों में दस्तक नहीं दे सकता
हर मज़हब का हर ख़ुदा मेरे पास ही है सोता
मुझे किसी चीज़ की चोरी का भी डर नहीं

क्योंकि मेरे घर में ना खिड़कियाँ हैं ना दरवाज़े।

भला हो...उस सरकार का जिसने ये सड़कें बनायीं
और उसकी बाजू में फ़ुटपाथ।

चार बाँस के बाम्बू के सहारे
फटे कनातों को सी कर मैंने वहाँ घर बनाया है
कभी निकलो हनुमानजी के मन्दिरवाली गली से
तो घर आना
एक रात गुज़ारना
तुम जो बरसों से ढूँढ़ रहे हो यक़ीनन तुम्हें वहाँ मिलेगी
सुकून की नींद।

कपड़े

एक दिन अचानक मैं
कपड़ों के बाज़ार में घुस गया
हर जगह मुझे रंगबिरंगे कपड़े दिखे
कहीं लाल रंग की जर्सी
कहीं हरे रंग का शर्ट
कहीं आसमान जैसा नीला टाई वाला कोट
कहीं पीले पीले आम जैसी जरी वाली साड़ी
कहीं गुलाब जैसा गुलाबी कुर्ता पाजामा
पहली बार देखा तो ख़ुश हुआ
दूजी बार देखा तो आश्चर्य हुआ
कई कपड़े चाँद जैसे उजले थे
तो कई कपड़े रात जैसे मैले थे
कई कई कपड़ों में थे सोने के तार
और कई कपड़ों में छेद थे आरपार
कई कपड़े आधा खाना छोड़ के आधा कुत्तों को देते
कई कपड़े उसी कुत्तों से लड़ के उस खाने को अपने बच्चों को देते
कई कपड़े किसी महल की अलमारी में आराम से सोते
कई कपड़े फ़ुटपाथ पर ढेर लगा के चीखते, चिल्लाते और रोते
कई कपड़ों से फूलों की ख़ुशबू आती
कई कपड़ों से नाक अपने आप बन्द हो जाती
कई कपड़े ठहाके लगाते, हँसते, अपने में ही मस्त रहते
और कई कपड़े दिनभर की बीमारियों से त्रस्त रहते
मैंने कुतूहलवश एक कपड़े से पूछ लिया
''तुम सब एक ही जात के हो

तो तुम्हें पहनने में इतना विरोधाभास क्यों है?"
तो वह
उजली उजली सुबह जैसी मुस्कान देकर बोला
"कोई 'सुनील सेठ' मुझे अपनी अमीरी दिखाने के लिए पहनता है
तो कोई 'कल्लू मज़दूर' मुझे अपनी ग़रीबी छिपाने
पर पहनता मुझे वो ही है
जिस के सीने में आग होती है"

संघर्ष

कुछ संघर्ष बहुत ही अलग होते हैं
अंडमान निकोबार टापू की तरह

अस्पताल के पलँग पर जन्मा
एक ताज़ा बच्चा
किसी चीज़ के लिए तड़पता है
उसकी माँ उसको गोदी में उठा कर अपने सीने से लगाती है
तब उसके आँचल से वो सफ़ेद नदी नहीं निकल पाती
तब बच्चा कुछ पीने के लिए मचलता है
और माँ पिलाने के लिए।

कच्चे मकान की कच्ची खिड़की से जब मैं झाँकता हूँ
तो मुझे दिखता है
चूल्हे पर रोटी पकाती एक औरत
पसीने से नहाया अगरबत्तियाँ बनाता एक आदमी
उसकी बगल में पालथी मार कर पढ़ने बैठा उसका राजकुमार
किसी कोने से आती है सिलाई मशीन की आवाज़
तभी अचानक
आँगन में टूटे खाट पर पड़े किसी बूढ़े की
दर्द भरी खाँसी सुनाई पड़ती है
तब एक पल के लिए ये सभी
अपना काम रोकते हैं
एक दूजे के सामने पलभर देखते हैं
पता नहीं पर कोई दैवी शक्ति से

अपना काम और तेज़ कर देते हैं।

गाँव के चौराहे पर खड़ा
एक लँगड़ा बाप
सुलगते मौसमों में काम ढूँढ़ने गये
अपने बेटे की
पानी का गिलास थामे राह देखता है
और शाम के वक़्त आती है
गिद्धों में नोची हुई
उसके बेटे की लाश
तब गिलास के पानी में बाढ़ आती है
और लाश बह जाती है पानी में।

कुछ संघर्ष सचमुच बहुत ही अलग होते हैं
अंडमान निकोबार टापू की तरह।

भीख का गीत

भीख आयी है भीख
ओ...'वाली डोशी' तू थोड़ा सा तो सीख
भीख आयी है भीख

उनसठ दिन के अकाल के बाद
त्सुनामी के भूचाल के बाद
लुटी हुई बस्ती में बची हुई चीखों के बाद
सूखे स्तन से लिपटे सोये हुए बच्चों के बाद

आये सबके लिए ब्रेड के दो दो बासी टुकड़े
बोतलों में बन्द पानी और उतारे हुए कपड़े
गेहूँ बाजरे का कीड़ेवाला आटा आया
बर्तनों की खन-खन के साथ चप्पलों का आधा जोड़ा आया

सब कुछ तुझे ही मिलेगा स्वर्ग हो या नर्क
पर पूरी करनी होगी छोटी सी इक शर्त

तेरे दो नैनों की रौशनी बुझनी चाहिए
तेरे घर की चार दीवारें सुलगनी चाहिए

भीख आयी है भीख
ओ...'वाली डोशी' तू थोड़ा सा तो सीख

ज़िन्दगी के चूल्हे में आँसुओं की राख के बाद

नंगे चाँद तले, खुली पड़ी बेजिस्म ज़ात के बाद
मुख्यमन्त्री के हवाई दौरे के बाद
स्वयंसेवकों के हवसी सौदे के बाद

बदबूदार कम्बल आया, फटी चद्दर आयी
तेरे पति के लिए खादी की छेद वाली निक्कर आयी
कफ़न जैसी सोल आयी, आधी अधूरी साड़ी आयी

सब कुछ तुझे ही मिलेगा स्वर्ग हो या नर्क
पर पूरी करनी होगी छोटी सी इक शर्त

शहर की गलियों में गन्दगी उभरनी चाहिए
गुण्डों के बोझ तले तेरी लड़की लुटनी चाहिए

भीख आयी है भीख
ओ...'वाली डोशी' तू थोड़ा सा तो सीख
भीख आयी है भीख

प्रिंटिंग मिस्टेक

ओ मेरे शेर दिल दोस्त
तू तो जानता है
मुझे डर नहीं लगता किसी भी तलवार से
मुझे डर नहीं लगता किसी भी चाक़ू से
मुझे डर नहीं लगता किसी भी ख़ूँखार शेर से
मुझे डर नहीं लगता आग बरसाते किसी भी भूतों से
ना ही मैं डरता हूँ पूलिस से या उसकी मार से
ना ही मैं डरता हूँ न्यूक्लियर बम्ब से
ना ही मैं डरता हूँ किसी भी मुख्यमन्त्री से या राष्ट्रपति से
ना ही मुझे डर लगता है ठण्डे ख़ून जैसी राजनीति से

मेरा शरीर ना ही लोहे का बना है
ना ही पत्थर का
फिर भी अगर सिकन्दर और अशोक वापस आयें
तो मैं अकेला ही एक साथ दोनों से भिड़ जाऊँगा
क्योंकि मेरे दोस्त
मुझे डर नहीं लगता घोड़ों की टापों से
या हाथी की हुंकारों से
या ख़ून प्यासे सैनिकों की ललकारों से

तू तो जानता है
बन्दूक़ से निकली गोली को मैं उँगली पर नचा सकता हूँ
तोप के गोले से फुटबॉल खेल सकता हूँ
सूरज की आँख से आँख मिला कर

उसकी आग पानी की तरह पी सकता हूँ
ना ही मैं गाँधीजी के सत्य से डरता हूँ
ना ही अपने झूठ से
मुझे 'पाश' की तरह अपने 'देश की सुरक्षा' से भी कोई ख़तरा नहीं
मैं कुदरत के किसी भी कहर से नहीं डरता

क्योंकि ये सब चीज़ें मुझे ख़त्म कर सकती हैं छोटे से तिनके की तरह
पर मुझे नपुंसक नहीं बना सकती

पर फिर भी मेरे शेर दिल दोस्त
मुझे डर लगता है
अपने ही देश के अख़बारों से
कुछ सालों पहले ये हमारी ढाल थे
हम जैसे गुलामों के हथियार थे
आज यही अख़बार
किसी महल के बिस्तर पर खुली पड़ी उस वेश्या की तरह है
जो चन्द चवन्नियों के लिए
अपने शरीर के साथ-साथ अपनी नीयत भी बेच देती है

काली स्याही में थोड़ा सा लाल ख़ून मिला कर
दो तीन शब्दों को दारू पिला कर
मस्जिद की जगह मन्दिर और मन्दिर की जगह मस्जिद
जैसी प्रिंटिंग मिस्टेक कर के
हम सब के गुप्त अंग काट के
एक साथ सबको नपुंसक कर सकता है
और
हर महीने पच्चीसों की तनख्वाह पर तालियाँ बजाने का काम दे सकते हैं
बस इसीलिए मुझे डर लगता है आज के
अख़बारों से

कल रात चाँद ने ख़ुदकुशी कर ली

कल रात चाँद ने ख़ुदकुशी कर ली
फिर भी मेरी बस्ती सो रही है,
काली भूतों वाली रात में उसकी माँ
अकेली रो रही है,

पता नहीं था कि सब बारूद की ज़मीन पर सो रहे थे
खंजरवाले भाषणों के बीच खो रहे थे
जिस वक़्त चिनगारी आकर गिरी तूने आवाज़ लगायी थी
उस वक़्त तेरी कौन सुनता ख़ुदा,
सब ने नींद की गोली खायी थी
एक टोपी ने दूसरी टोपी को जलाया
अपनी ही माँ बेटी को नंगा दौड़ाया
छोटे बच्चे के हाथ में चाक़ू देकर बोला
काट उसको जहाँ मन्दिर का घण्टा डोला
सुरज तेरी आग में वो जलन नहीं जो है इस तेल में
एक ही डिब्बे से पूरी बस्ती को जलते देखा एक छोटे से खेल में?
तेरे जैसा कलेजा नहीं था तेरे छोटे भाई में
कि सब चुपचाप सह लें
कैसे अपनी बहन को गुण्डों के बोझ तले ऐसे ही छोड़ दें?

इसीलिए,
इसीलिए,

कल रात चाँद ने ख़ुदकुशी कर ली
फिर भी मेरी बस्ती सो रही है,
काली भूतों वाली रात में उसकी माँ
अकेली रो रही है।

खानाबदोश

सदियों से दबा के रखा ज्वाला भड़क उठेगा
अब ये खानाबदोश सूरज को जला के रहेगा

बरसों से मैं घूमता रहा हूँ,
हर ज़ख्म तेरे चूमता रहा हूँ
ज़बाँ काट ली, के फरियाद न कर सकूँ
जला दिये हाथ, के हथियार न कर सकूँ
पता नहीं था उसे डफेर का डफ बज उठेगा,
ख़ुदा के कानों तक जा गूँजेगा
सदियों से दबा के रखा ज्वाला भड़क उठेगा
कई कलाएँ सीखी हैं जो दिल में दबा के रखी हैं,
अब कलम भी चलानी सीखी है
अपनी बीन पर तुझे नचाऊँगा,
इस अन्धेर से बाहर निकल आऊँगा
सदियों से दबा के रखा ज्वाला भड़क उठेगा

बन्दूक जैसे हथियार मेरे पास में,
'पाश' और 'महाश्वेता देवी' मेरी साँस में
देख पुलिस तेरा डण्डा थर-थराया है
मेरे समाज ने अब लोहा खाया है

यारो...'लोहे का ख़ून' इस तरह बोल पड़ेगा
''हो कोई माई का लाल तो आये जो भी आया वो जलेगा''
सदियों से दबा के रखा ज्वाला भड़क उठेगा

कलाकार का गीत

मुझे मत मारो सा'ब मैंने तो कुछ नहीं किया था
आम आदमी था आम आदमी की तरह जीया था

मेरी माँ ने मेरे चेहरे पर भभूत लगा कर
नट की कला सिखाई थी,
बच्चे की भूख के लिए मैंने यही कला बेचकर
एक रोटी जुटाई थी,

रोटी देखकर मेरा बच्चा भूखे जानवर की तरह
उस पर टूट पड़ा था
और मैं उसे देखकर फूट-फूट रो पड़ा था

मेरी बीवी ने उसकी साड़ी की कोर से
वो आँसू पोंछे थे।
इसी तरह हम अपनी अपनी कला में खोये थे

मुझे मत मारो सा'ब मैंने तो कुछ नहीं किया था
आम आदमी था आम आदमी की तरह जीया था

बुधन

मिट्टी की कोख से निकलता है
और फिर बुधन बोलता है
मुझे सुनोगे तो दहल जाओगे।
मैं ज़मीं जंगल में हूँ
हर घर में हो रहे दंगल में हूँ
सोलह बरस की बलात्कार पीड़ित बच्ची में हूँ
मैं उसके केस को लिखती सरकारी बग्गी में हूँ
एक टाँग से डोरी पर चलते वो छोटे बच्चे में हूँ
उसके खेल को देखकर भीड़ ने फेंके उस पैसों के टुकड़े में हूँ
मैं हर गन्दी बस्ती के उस कोने में हूँ
जहाँ एक नंगा बच्चा अपनी भूख मिटाने कुछ ढूँढ़ रहा है
मैं उस चावल के दाने में हूँ
जहाँ एक निर्दोष बेटे की लाश लटकी है मैं उस डाली में हूँ,
उसके बाप के मुँह से निकली हर गन्दी गलीच गाली में हूँ,
मैं चाँद के हर छिछोरेपन में हूँ जो हमें कभी ठण्डक नहीं देता
मैं फिर भी अपने बच्चों के शब्दों में हूँ जो चाँद को 'चन्दा मामा' कहता
मैं बन्दूक से निकली हर गोली की सोच में हूँ
पानी के लिए तड़प रहे 'पिन्हारी काले की मौत' में हूँ
मैं नाच-गाने, नट-नटी हर कला में हूँ जो हमें रोटी कमाना सिखाती है
मैं उस माँ में हूँ जो अपना शरीर बेचकर अपनी छुटकी को पढ़ाती है
ग्राहक को खींचती वेश्या की हर अदा में हूँ
रात को फूट-फूट कर रोती हर बेवा में हूँ
मैं खिलौने की लारी में हूँ
मुझे चोर की नज़र से देखती हुई हर अलमारी में हूँ

मैं बच्चों की ज़िद में हूँ
जुल्म की तरफ़ उठती हर चीख में हूँ
मैं हर किताब के हर पन्ने पर हूँ जहाँ आग लिखा है
मैं हर अधूरे सपने में हूँ जिसकी आँख पर आगाज़ लिखा है
अख़बार में तड़पती हर ख़बर में हूँ
'ख़ुदा' को देखकर 'भगवान' जो बदले मैं वो कतराती हर नज़र में हूँ
मैं जंगल की तरह सारे संसार में हूँ
मैं लात में हूँ, घूसे में हूँ, पुलिस की हर मार में हूँ
मैं माँ के प्यार में हूँ
मैं बाप की दुत्कार में हूँ
सरकार की निकाली हर लॉटरी में हूँ
मैं पुलिस की काली कोठरी में हूँ
मैं राम के वनवास में हूँ
और सीता की सच्चाई में हूँ

मिट्टी की कोख से निकलता है
और फिर 'बुधन' बोलता है
मैंने कहा था ना!! मुझे सुनोगे तो दहल जाओगे

बूढ़े का प्रेम गीत

चलो एक बार फिर से मिलें
हमारे दरमियाँ जो कुछ भी बाकी है उसे पूरा करें।

मैं उसी मोड़ पर खड़ा हूँ
जहाँ बूढ़े नीम का पेड़ है
याद है उसकी नर्म शाख पर हमरा अपना नाम ख़ुदा था!
आओ, उस नाम को थोड़ा और गाढ़ा करें

वो शाम तो याद होगी ही
जब तुम नींद में सुन्दर सा कोई ख़्वाब देख रही थीं
तब मैंने तुम्हें अचानक से आकर डरा दिया था,
तुम नाराज़ हो गयी थीं
और चाय भी बनाकर नहीं दी थी
उस रात मैंने तुम्हारे तकिये पर
हौले से चाँद लाकर रखा था
तुमने उसे देखा तक नहीं था
आओ, देखो वो हूबहू तुम्हारे जैसा ही है

मेरा वो पेंटिंग जो तुमने बनाया था
बिना मूँछवाला
मैंने अभी भी सँभाल के रखा है
मेरी मूँछें तुम्हें बहुत चुभती थीं...हैं...ना
एक बार आओ और बताओ मैं कैसा लगता हूँ
अब मैं मूँछें नहीं रखता।

मेरे घर का आईना जिसकी हँसी
कभी कम न होती थी
वो बरसों से उदास है
मुझे यकीं है तुम आओगी तो वो फिर से मुस्कुरा उठेगा
पहाड़ पर गिरी बर्फ़ की तरह

तुम्हें वो वादा तो याद होगा ही
'ज़िन्दगी हमें जो देगी आधा आधा लेंगे'
शादी की पहली रात किया था।

ऐसी कौन सी चीज़ है जो तुम वापस आना नहीं चाहतीं।
ये क़ब्रवाली चीज़ मुझे भी दो।
पहले तो तुम इतनी जिद्दी नहीं थीं।

चलो एक बार फिर से मिलें
हमारे दरमियाँ जो कुछ भी बाकी है उसे पूरा करें।

ख़ुदा

कल रात एक हादसा अजीब हुआ था
चाँद का रथ मेरी बस्ती से गुज़रा था

पूरी रात मैं सोचता रहा उसमें से कोई उतरा क्यों नहीं?
ना कोई आवाज़ ना कोई फुसफुसाहट हुई
मेरी तरफ़ उसने देखा क्यों नहीं?

शायद उसने दूर से ही देख लिया होगा
किसी बच्चे का भूख से कराहता हुआ बदन,
एक रुपया कमाने किसी माँ का अधखुला वो स्तन

शायद उसने दूर से ही देख लिया होगा
एक ही खाट में पड़े दो नंगे बदन ख़्वाबों में गये होंगे कहीं दूर,
और दारू की भट्ठी में सुलगता वो नन्हा सा मज़दूर

शायद उसने दूर से ही देख लिया होगा
किसी कोमल शरीर से चिपटा वहशी मवाली
उसकी बाप की आँखों से टपकता मजबूर पानी

शायद उसने दूर से ही देख लिया होगा
गटर की गन्ध सूँघ कर खाने की ख़ुशबू पहचानता पागल,
किसी की पेट से निकलता एक और नाजायज़ 'बादल'

शायद उसने दूर से ही देख लिया होगा

भीड़ के बीच कुचलाता कोई टूटा सपना,
सूरज को माँ की गाली देता चाँद जैसा भाई अपना

शायद उसने दूर से ही देख लिया होगा
द्रौपदी को फिर से नंगा करता कोई साधु सन्त का टोला,
पुलिस का वो डण्डा जो बोलता होगा बम बम बोला बम बम बोला

शायद उसने दूर से ही देख लिया होगा
लटकती हुई लाशों का त्योहार,
और उस पर तालियाँ पीटती हमारी सरकार

शायद उसने दूर से ही देख लिया होगा
और सोच कर खेद किया होगा

लगता है, मैं रास्ता भटक गया हूँ उस पृथ्वी का
जिस पर मैंने एक ख़्वाब भेजा था सुन्दर आदमी का

सामूहिक आत्महत्या

शायद कुछ हुआ है
कुछ ना कुछ तो हुआ ही है
मेरे गाँव के खेतों में काला सन्नाटा उग आया है
मधुर गाने गुनगुनाते पंछियों की बाँसुरी से
खौफनाक मातम की धुन बज रही है

कुछ ना कुछ तो हुआ ही है

तोप के गोले की तरह फूट पड़ता है
अब सूरज पर्वतों के बीच से नहीं निकलता
बर्फ़ कुछ इस तरह पिघल रही है
जैसे सफ़ेद पहाड़ रो रहे हों

कुछ ना कुछ तो हुआ ही है

कनैया की शादी में आये बाराती
माँ की गोद के जैसी
ठण्डी छाँव ढूँढ़ते ढूँढ़ते
गाँव के चौराहे पर बेहोश पड़े हैं
क्योंकि तेज़ धूप की मधुमक्खियों ने
उनके कपड़े फाड़ के
जिस्म की नर्म खाल में

सूरज के काँटे चुभो दिये हैं
कुछ ना कुछ तो हुआ ही हैं

मुझे लगता है
किसी ने बेरहमी से जंगल का क़त्ल किया है
या पेड़ों ने सामूहिक आत्महत्या कर ली है

सूरज से पहले उठना है

बहुत से काम अभी बाकी हैं
कल फिर सूरज से पहले उठना है
पहाड़ों की नाव बनाकर
दरिया ऊपर बहना है

सूखे पत्ते से एक वादा किया था
तो उसे वसन्त की बर्फी लाकर खिलानी है
गाँव में मेरा एक दोस्त है
दो सौ साल का बूढ़ा पहाड़
रात में उसको कम दिखता है
ये चश्मा उसी को देना है

जिस नदी का मैंने दूध पीया था बचपन में
आज वो बीमार है
उसे किसी अच्छे से अस्पताल ले जाना है
भीगे बादलों को काट के
उसके आँचल में बाँधना है

जिसके घर चोरी चोरी घुस के
बिना उसको पूछ के
उसका ही खाना खा जाते थे
वो लम्बी दाढ़ीवाले
जंगल बाबा की थाली में
चारों ऋतुओं का भोज धरना है

मेरी इक छोटी बहन है
झरने जैसी
और एक छोटा भाई भी
तालाब जैसा
बहन का स्कूल ड्रेस सिलवाने डाला है
वो लेना है
और भाई के लिए
नये कैनवास के जूते
उन दोनों की फीस भी
कल ही भरनी है
वरना वो अकड़ू मास्टर
उन्हें स्कूल से निकाल देगा

सरकारी अस्पताल के किसी गन्दे कोने के
गन्ध मारते पलँग पर पड़ा-पड़ा मैं ये सोचता हूँ
बहुत से काम अभी बाकी हैं
मौत को धोखा दे के
ज़िन्दगी से ब्याह करना है

कल फिर सूरज से पहले उठना है।

कौसर बानो और अंजली भाभी

तुमने ख़ुदा को देखा है कभी
मैंने भी नहीं देखा
पर हाँ
मेरे घर के कुछ बूढ़ों को
ये कहते हुए सुना था
कि ख़ुदा छोटे बच्चों में होता है
उनकी मासूम मुस्कान में होता है
उनकी आँखों की जगमगाती रोशनी में होता है
उनकी तुतली ज़बाँ में होता है
छोटी छोटी हथेलियों के
नाज़ुक लम्स में होता है
उनकी रूखी बेरुखियों में होता है

मेरे घर के कुछ बूढ़ों को
ये कहते हुए सुना था
कि ख़ुदा छोटे बच्चों की किताबों में होता है
उनकी उँगलियों पर थिरकते लाटू में होता है
और बूढ़े अपनी ढलती उम्र में
ज़्यादातर झूठ नहीं बोलते
क्योंकि उनकी रूह
फड़फड़ाती रहती है
जिस्म की मिट्टी को झाड़ने के लिए
क्योंकि कयामत के दिन से

उनकी अन्तिम साँस का फासला
बहुत छोटा होता है

अगर ये बात सच है
तो कल आधी रात में
एक आदमखोर टोला आया था
हाथों में चमकता हथियार लिए
और एक हामला के पेट में
कि जहाँ एक ख़ुदा अपनी रूह को
आकार दे रहा था
उसकी माँ के खाये खट्टे अचार का रस पी रहा था
उस अँधेरे कोने में मजे से चाँद बनकर जी रहा था
गरजकर घुसेड़ दी थी वो धारदार चमक
उस आदमखोर टोले ने

किसी गुब्बारे की तरह उस हामला का पेट फूट गया
गुब्बारा फूटने से पटाक सी आवाज़ होती है
वैसी ही आवाज़ रात देर तक गूँजती रही शहर के कानों में
लाल सायरन बनकर
कर्फ्यू बनकर
पेट्रोल की गन्ध बनकर

कल एक ख़ुदाखोर टोले ने
आठ ही महीने के एक ख़ुदा को मार दिया।

लोहे का धुआँ

गिलहरी-सी दौड़ती चली आयी थी
कैसे वो अस्सी साल की बूढ़ी औरत
कैसे भर आयी थी उसके पाँवों में
आग के लपटों-सी तेज़ी

जब सरहद के वीराने से
किसी की बुझी हुई साँसों ने
किसी की बेनूर सी आँखों ने
किसी के निस्तेज बाजुओं ने
किसी के धड़कन की बेसुरी टिक टिक ने

एक चीख लगायी थी
एक गुहार लगायी थी

कैसे वो अस्सी साल की बूढ़ी औरत
काँपती सी दौड़ती चली आयी थी
हाथों में खाने की थाली सजा कर
एक लोटा पानी का लेकर

उसे लगा था
कि वो बुझी हुई साँसें
कि वो बेनूर सी आँखें
कि वो निस्तेज से बाजू
कि वो बेसुरी धड़कन

भूख के मारे चीख रही है
प्यास से प्यासी कराह रही है

कि तभी नुक्कड़ पर 'किशनलाल किराणा' का रेडियो बज उठा
"कि सरहद पर कल रात लोहे का धुआँ
कई मज़लूम माँओं के मासूम बच्चों को खा गया"

परमवीर चक्र

हाँ मेरे दोस्तो
मैं आज भी भारतीय फ़ौज का जवान हूँ

सन् 1999 में कारगिल जंग के वक़्त
बहादुर बन्दूक की जांबाज़ गोली बनकर
घुस गया था दुश्मन के सीने में
और छलनी कर दिया था उसके नापाक मनसूबे को
और उस सुलगती सरहद पर
सुबह की फ़ज़र के साथ
अपने जिस्म से
अपना एक हाथ गँवा के
पहली बार ये पुश्तैनी परमवीर चक्र पाया था
अपने मुल्क के राष्ट्रपति के महफ़ूज़ हाथों से

इसीलिए
2002 के ध्वंस युद्ध में
मैं ये बताना चाहता था
कि मैं अपने दोस्त मुकेश राठोड की तरह ही हूँ
बस फ़र्क़ रत्तीभर का है
कि मैं सिर्फ़
प्रार्थना को दुआ
भगवान को ख़ुदा
बाबा को अब्बा

और
माँ को अम्मी कहता हूँ
मैं सिर्फ़ ये साबित करना चाहता था
कि मैं हूबहू अपने दोस्त सुरिन्दर सिंह की तरह ही हूँ

पर मेरा पड़ोसी
मेरे घर की दरो दीवार की सरहद पर आ गया
सुलगता हथगोला बनकर
मेरे अब्बा को टुकड़ों टुकड़ों में काट दिया
मेरी अम्मी को लोहे के हुक में टाँक दिया
मेरे ख़ुदा पर चकमक सा थूक दिया
मेरी दुआ पर तेज़ाबी मूत दिया
मेर घर की दरो दीवार की सरहद पर आकर
मेरे पूरे नमाज़ी शहर को जला दिया ग़ारत कर दिया
और मैं
न जाने कौन से इश्क़ को बचाने
न जाने कौन सी मासूमियत को मुकम्मल रखने
उस सुलगती दहलीज़ से गुज़र कर
मेरे मासूम और काँपते घर में घुस गया
और बचाकर ले आया उस पुश्तैनी परमवीर चक्र को

पर इस बार मेरा जिस्म पूरे का पूरा साबुत था
ना ही कहीं खरोंच का निशान था
ना ही कहीं घाव का
पर मेरे सीने के कोने में थोड़ी सी जगह खाली हो गयी थी
मेरी रूहानी रूह का पाक लम्स किसी इनसान के सच्चे वजूद को छुआ
ऐसे जैसे गाँधी ने दाण्डी के नमक को छुआ था
ऐसे जैसे भगत सिंह ने फाँसी के फंदे को छुआ था

तब मुझे पता चला कि

मेरे जेहन के इक खब्ती शैतान को जला के
दूसरी बार मैंने ये पुश्तैनी परमवीर चक्र पाया है
हाँ मेरे दोस्तो
मैं आज भी भारतीय फ़ौज का जवान हूँ
हूबहू अपने दोस्त मुकेश राठोड की तरह
हूबहू अपने दोस्त सुरिन्दर सिंह की तरह

ज्ञानपीठ बनाम नोबेल

ओ मेरे अच्छे साहित्यकार
हाथ में काग़ज़ और कलम लेकर
मुट्ठीभर लफ़्ज़ों का चिलम पी कर

तुमने हमारी बस्ती से उठती बदबू के बारे में लिखा
तुमने हमारी फोड़े वाली पीठ के बारे में लिखा
तुमने हमारे हाथों में पड़े छालों के बारे में लिखा
तुमने हमारी बस्ती की वेश्याओं की अदाओं के बारे में लिखा
तुमने हमारी तरफ़ उठती हर बला के बारे में लिखा

ओ मेरे नाचीज़ साहित्यकार
हाथ में काग़ज़ और कलम लेकर
मुट्ठीभर लफ़्ज़ों का चिलम पी कर

तुमने हमारे काले नंगे बच्चों के बारे में लिखा
तुमने हमारी बीवियों के पिचक गये स्तनों के बारे में लिखा
तुमने हमारे सूखे कंकाल जैसे माँ-बाप के बारे में लिखा
तुमने हमारी बहन-बेटियों की लुटती इस्मत के बारे में लिखा
तुमने हमारे कच्चे चूल्हों में जली, काली भूख के बारे में लिखा

ओ मेरे रहनुमाई साहित्यकार
तुमने हमारी बस्ती के हर धुँधले कोने को
गटर में उबलते हर लावारिस कीड़े को
चीं...चीं...करते चूहों से भरी गलियों को

गन्ध मारते गन्दे नालों को
साहित्य की चाश्नी से छान छान कर
मुट्ठीभर लफ़्जों का चिलम पीकर
तुमने अनोखा अनूठा साहित्य रचा
बेहतरीन लेखक बन गये
अच्छे साहित्यकार बन गये
और इस साल
साहित्य का ज्ञानपीठ पुरस्कार भी जीत लिया

ओ मेरे भोले साहित्यकार ज़रा सोच
हाथ में काग़ज़ और कलम लेकर
मुट्ठीभर लफ़्जों का चिलम पी कर

सिर्फ़ एक बार हमारी बस्ती से उठती बदबू को सूँघ लेते
सिर्फ़ एक बार हमारी पीठ के फोड़े पर अपने
मुलायम हाथों से मरहम लगा देते
सिर्फ़ एक बार हमारे हाथों पर पड़े छालों को अपने
नाजुक होठों से चूम लेते
सिर्फ़ एक बार हमारी तरफ़ उठती हर बला को अपनी
छत्तीसी छाती में समा लेते

ओ मेरे एस्थेटिक साहित्यकार
सिर्फ़ एक बार
सिर्फ़ एक बार हमारे नंगे बच्चों को नज़रभर देख लेते
सिर्फ़ एक बार हमारे माँ-बाप के सूखे जिस्मों को छू लेते
सिर्फ़ एक बार हमारी बीवियों के पिचक गये स्तनों में
माँ का दूध ढूँढ़ लेते

सिर्फ़ एक बार
सिर्फ़ एक बार हमारे कच्चे चूल्हों में जली काली भूख को पका लेते
सिर्फ़ एक बार हमारे मुँहफट मटके का पानी पी लेते
सिर्फ़ एक बार हमारी खुद्दार थाली के निवाले को चख लेते

ओ मेरे नामचीन साहित्यकार
सिर्फ़ एक दिन हमारी ज़िन्दा बस्ती में गुज़ार लेते
सिर्फ़ एक रात हमारे इमानी बिछौने पर मगरूर चाँद के तले काट लेते
सिर्फ़ एक बार हमारी कर्कश किस्मत को अपनी
सुरीली किस्मत बना लेते

तो मैं दावे से कह सकता हूँ
कि इस साल
साहित्य का नोबेल भी तुम जीत जाते

बूढ़ी शबरी : हमारी मेहनत की एक मुट्ठी

एक चुटकी रिश्तों का नमक
और तक़दीर के ग़मों का पानी लेकर
ज़िन्दगी के बड़े से थाल में
अंजुलीभर आरज़ुओं का आटा डाल कर
एक बूढ़ी शबरी
जैसे हमारी मेहनत की एक मुट्ठी
सुबह सुबह किसी पंछी का रेडियो सुनते सुनते
गूँधना शुरू करती है वो आटा

बड़े-बड़े आटे के लोए बनाकर
दिन के बेलन से बेल कर
पूरब के चूल्हे में
सूरज का एक उपला बाल कर
धीमी आँच पर उसकी
आरज़ुओं की रोटी पकाने रखी थी

शाम के वक़्त
पश्चिमी गुफ़ा में
सूरज का उपला धुआँ बन जाता है
तब आरज़ुओं की रोटी
पक जाती है
एकदम लाल
एकदम सुर्ख़
तो जंगल से कोई मुसाफ़िर (राम) आकर

रोटी को जूठा कर लेता है
और कहता है
उतनी मिठास नहीं है इसमें
जितनी थी तेरे उन जूठे बेरों में
और दूसरे दिन फिर से
पूरब के चूल्हे में
सूरज का एक उपला बाल कर
वो बूढ़ी शबरी
जैसे हमारी मेहनत की एक मुट्ठी
निकल पड़ती है
जूठे बेरों की मिठास रोटी पर मलने को

शब्दों ने कसम खायी है

आदमी बन गये हैं खूँखार भेड़िये
जो अपने नुकीले दाँतों से
कुतर सकते हैं किसी के भी जिस्म को
औरत बन गयी है मटन की दूकान में लटका कच्चा मांस
जिसे ऊँचे आसमान में उड़ता कोई भी गिद्ध
मार सकता है आकर चोंच
किसी भी वक़्त

इनसानियत की आँखें अन्धी हो गयी हैं
सी दिये हैं होंठ उसकी ज़बाँ के साथ
दुनिया बहुत ख़ामोश है किसी लाश की तरह
दुनिया पूरी उजड़ी हुई है किसी बाँझ की तरह
उसका रंग धीरे-धीरे उड़ने लगा है
उसका शरीर पहले किसी अच्छे सेठ की तरह
गोल मटोल था
अब धीरे-धीरे सूख के लकीर बन रहा है
किसी गिरते सितारे की तरह

इसलिए शब्दों ने कसम खायी है
दुनिया को बदलने की
उसके समाज को बदलने की

अब ये शब्द
छोटी पाटी लिए

हाथ में चोक लिए
घूमते हैं जंगल जंगल
और खूँखार जानवरों को
जंगल के जंगली पशुओं को
पेड़ों की टहनियों में तिनका तिनका जमा करके घोंसले बनाये हैं
उन मधुर पंछियों को
लिखना सिखाते हैं
बोलना सिखाते हैं

रोज़ सुबह सात बजे
इन सबकी क्लास लगती है तीन घण्टे तक
उसके बाद ये सब
गाँधी का चरखा चलाते हैं
कपड़े बुनते हैं
अपने हर तरह के नंगेपन को ढँकने के लिए

दोपहर के वक़्त ये शब्द
गोता लगाते हैं नदी में, दरिया में
नाज़ुक मछलियों को
काले कौड़ियालों को
धीरे-धीरे तैरते कछुओं को
पढ़ना सिखाते हैं
एक-दूसरे के अन्तर्द्वन्द्व को समझना सिखाते हैं
तीन घण्टे तक इन सबकी भी क्लास लगती है
बाद उसके ये सब दिए बनाते हैं
मिलकर उजाला करने को

इन शब्दों ने
सूरज के किरणों की कलम बनाकर
उसकी रिफिल में
चाँदनी की स्याही पिरोई है
जिससे हर लम्हा

मुहब्बत टपकती रहती है
हर पल
प्यार बरसता रहता है
पाटी पर

क्योंकि इन शब्दों ने कसम खायी है
नयी दुनिया बनाने की
नये समाज की नींव रखने की
कि जहाँ
जानवरों को इनसानियत सिखाई जा सके
कि जहाँ
जानवरों को इनसान कहा जा सके

'कर्फ्यू' और 'फसाद'

उन्नीस सौ सैंतालीस में पेट से थी भारत माँ
दो बच्चे जने थे उसने
उस वक़्त
उन बच्चों के बाप का नाम
किसी को भी यक़ीन से पता नहीं
पर याद आता है धुँधला धुँधला सा मुझे
शायद आ...ज़ा...दी....या....आ...ज़ा...द ऐसा कुछ हो
छठी कक्षा की इतिहास की किताब में पढ़ा था
गुमशुदा है बरसों से
किसी को भी मिले कहीं जो
दारू पीकर पड़ा कोने में तो
नजदीकी पुलिस थाने में इत्तला करें
उसकी बूढ़ी बीवी अभी भी उस मोड़ पर
खड़ी राह तक रही है उसके लौटने की

उनके बच्चे
हालाँकि जुडवाँ थे दोनों
फिर भी बहुत अलग थे
एक का स्वभाव शान्त था और
एक का खौफनाक

लगता था जो चेहरे से शान्त
उसका उसकी फूफी ने नाम रखा था
'कर्फ्यू'

बचपन से वो पैसे वाला बन गया था
जाते जाते उसके बाप ने
पूरा शहर लिख दिया था उसे वसीयत में
क्योंकि वो संयम से काम लेनेवाला
बुद्धिशाली था
सड़कों पर उसकी इसीलिए
सिक्योरिटी वाले
बन्दूक लिए हाथों में रक्षा करने तैनात रहते थे हरदम
उसके घर की

दूसरे का नाम रखा था
'फसाद'
वो हमेशा आवारागर्दी करता
उसके बाप ने वसीयत में कुछ न दिया था उसे
क्योंकि वो किसी के भी कहने में नहीं था
बस इसीलिए मानसिक रूप से अस्वस्थ बन गया था

कभी चौराहे पर जाकर लड़की छेड़ता
कभी किसी का घर लूट लेता
तो कभी एसिड डाल के किसी का मुँह जला देता
मानसिक दौरा बढ़ जाने पर
कभी-कभी पत्थरों को उछाल देता
श्मशानों में लाशों के ढेर बिछा देता
वैसे दोनों में कुछ भी एक सा नहीं था
दोनों के चेहरे भी अलग थे

पर फिर भी दोनों में एक आदत समान थी

सालों तक दोनों बिस्तर पर पड़े सोते रहते
रामायण के कुम्भकर्ण की तरह
पर जब भी उठते नींद से
बिना ब्रश किये

बिना हाथ धोये
बिना मुँह साफ़ किये
निगल जाते एक साथ हज़ारो कच्चे निवाले
और ख़ून का पानी पीकर वापस सो जाते सालों तक
खट्टी डकार लेकर
और उनकी माँ रोती रहती
तब तक निस्सहाय, बेसहारा
जब तक उसके अश्क सूख न जाते ख़ुदबख़ुद

मैंने तो ख़त लिख दिया है
राम के सगे भाई लक्ष्मण को
कि वो आकर
इन दोनों कुम्भकर्णों को
सोते ही ख़त्म कर डाले
और बना दे उसकी माँ को बाँझ
मुझे पता है क्षत्रिय किसी को सोते में नहीं मारते
पर मुझे ये भी पता है कि
वो औरत जो बरसों से बेसुध मायूस और लाचार है
वो औरत जो बरसों से अपने गुमशुदा पति की तलाश कर रही है
वो माँ अपने बाँझ होने पर
वो माँ अपने जुडवाँ बच्चों के क़त्ल पर
ज़रूर ख़ुश होगी

और क्षत्रिय कभी किसी को
कि जो उसकी शरण में आया है
बेसुध मायूस और लाचार नहीं छोड़ते

आज़ाद दिन के लिए...

हर रोज़ मुझे दे दिया जाता है बेड़ियों में जकड़ा हुआ दिन
और साथ में निश्चित एक टाइम टेबल
उस समय से परे अगर
ऊपर उठने की कोशिश करता हूँ
तो पाँव में पडा लोहा खनखन करके बज उठता है
और मैं डर कर, सहम कर चुपचाप वापस बैठ जाता हूँ
कि कहीं वो जंगली जेलर जाग न जाये
अगर उसकी नींद टूटेगी तो
बहुत मार पड़ेगी
गर्दन से लेकर पाँव की एड़ी तक
और नाक से ख़ून बहेगा अलग से
हर रोज़ सुबह मुझे दो ब्रेड के टुकड़े मिल जाते हैं
उसको चबाकर चुपके से निकल लेता हूँ काम पर
अगर मिल जाता है कोई जाना पहचाना इनसान रास्ते में
तो नकली नज़ाकत से हँस लेता हूँ
तब मेरा बॉस पीछे से आकर मेरे माथे पर
ज़ोर से एक टपली लगा देता है
दो-तीन गन्दी गालियों के साथ डाँट के
ठण्डे रूम में आराम से लेट जाता है
और मेरी नकली नज़ाकत की हँसी
काँच की तरह बिखर जाती है
ऊँचे अम्बर से गिर कर
लोगों के पाँवों तले कुचल जाती है
दोपहर के वक़्त बीवी की, बच्चों की याद आती है

तो अच्छा लगता है
पर अचानक वो खुरदुरा प्यून
मेरे मुँह पर मार कर चला जाता है बहुत सी रद्दी फ़ाइलें
और मेरी रूह काँप जाती है उस पर जमी धूल को देखकर
शाम के वक़्त न तो मुझे याद रहता है
बच्चों की टॉफी लाना
न माँ के लिए चन्दन का लेप
न बाप का 'कायम चूर्ण'
न बीवी की कुमकुम की डिबिया
सब भूल जाता हूँ लाने को
रात की गर्दिश में मेरे हाथ जब रोटी माँगते हैं
मेरा जिस्म प्यार माँगता है
तब बीवी मुझे ठण्डा खाना परोसती है
बच्चे रूठकर के सो जाते हैं
माँ बीवी की बुराई करती है
और बाप चिल्ला उठता है मुझ पर
इस निश्चित टाइम टेबल में थोड़ा बदलाव करना चाहता हूँ
समय से परे ऊपर उठना चाहता हूँ
पर ये लोहे की बेड़ियाँ अपने मुँह से कर्कश आवाज़ कर उठती हैं
और मैं डर जाता हूँ
उस जंगली जेलर से
उससे भी ज़्यादा
उसकी मार से
मुझे अब भी इन्तज़ार है
उस एक आज़ाद दिन के लिए
जिसे मैं ख़ुद के लिए खर्च कर सकूँ
ख़ुद आईने में क़ैद हो सकूँ और ख़ुद बिखर सकूँ
मुझे अब भी इन्तज़ार है...
उस एक आज़ाद दिन के लिए...

ज़िन्दगी के जलने से...

न बाढ़ होगी न आँधी होगी न तूफाँ होगा
ज़िन्दगी के जलने से बस गीला गीला धुआँ होगा

ऐसे मातम मनायेगी मौत साँसों के लुटने से
जैसे कोई रोता है बारिश में छत टूटने से
टूटी मुँडेर पर बैठ कर कोई अपनी ज़बाँ नंगी करेगा
सुनने के लिए तब वो गालियाँ न कोई ख़ुदा होगा
ज़िन्दगी के जलने से बस गीला गीला धुआँ होगा

फ़सलों के साथ हरे हरे कुछ लोग यूँ कट गये
अपने ही पैरों तले जैसे सूखे पत्तों से दब गये
खेतों के बचे हुए बरसों के प्यासे पानी को
ख़ुदकुशी के लिए तब, काला, घना, खाली कुआँ होगा
ज़िन्दगी के जलने से बस गीला गीला धुआँ होगा

हैराँ न हो मेरे देवता ये तिलिस्मी आतिशबाजी देख कर
आसमान को तो जलना ही था एक दिन पत्थरों को फेंक कर
चाँद को तोड़ कर उसने यूँ ही नहीं ज़मीं में दबाया मेरे रहीम
तेरे हाथों किसी दिन उसके घर का चिराग बुझा होगा
ज़िन्दगी के जलने से बस गीला गीला धुआँ होगा

नींदों में चूमता है कच्ची रोटी को, समझकर माशूक की सूरत
फिर पूरा दिन दौड़ता रहता है उसे पक्की करने कोई आवारा सूरज
चाय भरे मिट्टी के कटोरे, नींबू शरबत के प्याले, अख़बारों के पन्ने

बस अड्डों पर बेचकर उसका शरीर रात के बिछौने पर हाय...
कैसे टूटा होगा
ज़िन्दगी के जलने से बस गीला गीला धुआँ होगा

कर सकता है तो कर दे माफ़ चुटकी में उसके पापों को
थोड़ा सा हल्का कर दे इन बोझों से झुके हुए काँधों को
मुट्ठी भर संघर्षों के अलावा न कुछ है हथेलियों में
चीर कर देख पोटली नसीब कि, पता चलेगा
कोई आदमी कैसे लुटा होगा
ज़िन्दगी के जलने से बस गीला गीला धुआँ होगा

बच्चों की ज़िद, बीवी की साड़ी, और सड़कों की थकान
पूरा शरीर बेचने के बाद खड़ा कर पाया होगा एक कच्चा मकान
ख़्वाबों की चिलचिलाती धूप को ठण्डा करते करते
नदी के जैसे बहता इनसान भाफ़ की तरह सूखा होगा
ज़िन्दगी के जलने से बस गीला गीला धुआँ होगा

प्यासे मर गये, जो कभी बारिश के पानी को हाथों में लिया करते थे
काग़ज़ की नाव से सात समुन्दर पार किया करते थे
बचपन के खेलों को जवानी के कंचों ने ऐसे फोड़ा
जैसे (ज़िन्दा) गर्भवती के पेट से मरा बच्चा पैदा हुआ होगा
ज़िन्दगी के जलने से बस गीला गीला धुआँ होगा

तुझे भूल जाऊँ कभी, न मुझे तू इतना बंजर कर
सपनों की थोड़ी सी लचीली फ़सल रहने दे आँखों की ज़मीं पर
मेरी श्रद्धा की ज़रूरत तुझे उस दिन पड़ेगी ईश्वर
जिस दिन तेरा ये नीला अम्बर बगैर रौशनी के रूखा होगा
ज़िन्दगी के जलने से बस गीला गीला धुआँ होगा

राष्ट्रगीत

मेरे यारो...
तारों की तरह एक साथ चमकना सीख लो
अगर मुर्झाये हुए ख़्वाबों को फिर से उगाना हो तो!!

गन्दे उस इतिहास को भूल जाओ
जिसने किसी को अछूत बना दिया तो किसी को ब्राह्मण
पत्थर की उन मूर्तियों को भूल जाओ
जिसने बरसों से अनगिनत लोगों के घर उजाड़े हैं
लाल क़िले से या विधानसभा के माइकों से जो आवाज़ें आती हैं
उसे अल्लादीन के चिराग में बन्द कर दो
जो सिर्फ़ हमें ही आका माने
जो सिर्फ़ हमारे घिसने पर ही बाहर आये

खेतों में जा कर
हरी-हरी फ़सलों को पाँच फ़ीट और ऊँचा कर दो
गाँव में जाओ
शहर की सड़कों पर जाओ
सड़कों की चाय की किटलियों पर जाओ
बच्चों के हाथों से मज़दूरी छीन कर काग़ज़ और कलम थमा दो

देखो शहर के उन चौराहों पर
उठी हैं जहाँ जाति के नाम पर लाठियाँ
उस पर सफ़ेद परचम लहरा दो

सरहद की उफ़ुक के उस पार
इस साल की फ़सल का गुड़ भेजो दिल्ली से
लाहौर से लहराते हुए आयेंगे
पतंग से बँधे हुए सुकूँ के गीत
न फिर गोलियों की ज़रूरत पड़ेगी न बन्दूकों की
न तोपों की न बमों की
और ना ही रूहों को खरोंचती सरहदों की
पंछियों की तरह बेख़ौफ़ उड़ते रहेंगे
अब्र पर चिकने चिकने चाँद जैसे दिल

मन्दिरों मस्जिदों में फलक से उतार कर
चाँद और सूरज को बिठा दो
रात में जुगनुओं की बाँसुरी पे एक ही प्राथना गाओ
एक ही मासूम इबादत करो
जिसे हम राष्ट्रगीत कहते हैं
फिर देखो मिट्टी के बचे हुए कतरे
इनसान बनकर चहकने लगेंगे

मेरी कविता फिर से दोहराती है...
मेरे यारो...
तारों की तरह एक साथ चमकना सीख लो
अगर मुर्झाये हुए ख़्वाबों को फिर से उगाना हो तो!!

ख़ुदा

एक ही पिंछी से एक ही इजल पर
हम दोनों ने साथ में शुरू किये थे
अपने अपने केनवासों
पर रंग पूरने
लम्हा लम्हा तेरा केनवास
खेतों की फ़सल की तरह लहरा उठा
इन्द्रधनुष की तरह रंगी रंगी होकर नाच उठा
हरा हरा होकर महकने लगा

मेरे केनवास पर मैंने जो रंग उड़ेले
नमक के ज़ायके की तरह
खारे बन गये
उसकी चमड़ी पर
खराश की सफ़ेद लकीरें निकल आयीं
फिर अनगिनत जाति धर्म की पपड़ियाँ दर दर गिरने लगीं
और मेरे रंगों का गीलापन
रुदाली के आँसू की तरह रूखा हो गया

तवारीख़ ने तेरे केनवास को
'प्रकृति' का नाम दे दिया
और मुझे 'ज़िन्दगी'

तुझे आसमानों के अज़िमोशान सिहांसन पर बिठा कर
'ख़ुदा' बना दिया

मुझे पृथ्वी के अँधेरे गर्भ में धकेल कर
'इनसान'

तुझे इन तवारीख़ों के हुनर की सौगन्ध
क्या हम फिर से दोस्त नहीं बन सकते?

लहू में अपने लोहा मिला दो

लहू में अपने लोहा मिला दो चट्टान बन जाओगे
दिलों में हौसला रखो सूरज को चूम आओगे
माथे पर पड़ी शिकन को मेहनत की आरज़ुओं से मिटा दो
कोरे कोरे उजले उजले आसमानों के पन्नों पर
तारों की स्याही से फिर
चिकनी चिकनी चाँद जैसी ज़िन्दगी लिखा दो
लहू में अपने लोहा मिला दो

अपने क़दमों को आँधियों सा तेज़ करो
अपने हाथों को पहाड़ों सा सख़्त करो
जितने भी ख़्वाब देखे हैं तुमने बेहोश नींदों में
ख़ुदबख़ुद उग आयेंगे तुम्हारी हथेलियों के आँगन में
पूरी सृष्टि को फिर कुमकुम की तरह
अपनी बीवी की माँग में खिला दो
लहू में अपने लोहा मिला दो

छोटी सी कच्ची रोटी के लिए ना कोई फिर बूढ़ा तड़पेगा
ना किसी बहन को बेचनी पड़ेगी
अपने दुपट्टे से टिमटिमाती उबलती जवानी की मासूम जरी
ना ही कोई घर अधनंगा सोयेगा
ना ही कोई ठण्ड में ठिठुरता मरेगा
लहरों से बाँध लो उँगलियों में बहने की कथा
हरे हरे पत्तों से जानकार जादू धरती पर जंगलों को खिला दो
लहू में अपने लोहा मिला दो

हारने का डर ना तुम्हारी आँखों में आने पायेगा
जब चक्रधारी पवन तुम्हारे पाँवों का रथ चलायेगा
किताबों की ढाल से, कलम की तलवार से, शब्दों के तीर से,
अपने हुनर को मेरे जवाँ यारो
खुरदुरी सड़कों पर घिस घिस के कुन्दन करो
आँखों में जीत का जश्न लिए
साँसों में आग का शोर लिए
युद्धों को नयी कैफियत से लड़ना सिखा दो
लहू में अपने लोहा मिला दो

सूरज

(गुजरात के दंगों को देखकर बीमार पड़ गया है)

(1)

सुबह की आँखें अभी भी अधखुली हैं
और दूर मशरिकी उफ़क पर
सूरज करवटें बदल रहा है
ऑक्सिजन का मास्क नाक पर लगाकर
145^0 (सेंटीग्रेड) डिग्री का थर्मोमीटर ज़बाँ के नीचे दबाकर
रात उसके माथे पर ओस का गीला कपड़ा लगा रही है बार-बार
थोड़ा सा बेचैन है वह
बुख़ार है शायद उसको
या फिर कोई बड़ी सी बीमारी
ब्लड कैंसर, या हार्ट अटैक
या फिर दोनों किडनी फेल हो चुकी हैं
वो अभी भी आसमान के बिस्तर पर
बादलों का सफ़ेद लिहाफ़ ओढ़े
पड़ा-पड़ा सिसक रहा हैं
उसका शरीर एकदम अकड़ गया है ठण्ड के मारे
उसके किरणों की आत्मा पहुँच गयी है हद-ए-अदम तक
चाँद का डॉक्टर उसके कमरे से निकला एलोपेथिक दवा देकर
और मुखातिब हुआ उस टोले से
जिसने पलभर पहले कुछ कच्ची झुग्गियाँ जलाई थीं
धूप सेंकने के लिए
जाड़े से बचने के लिए
कि कतरा कतरा वो अब बिलख रहा है

कि कतरा कतरा वो अब पिघल रहा है
ओ मेरे दोस्त 'कानजी'
अपने गाँव के मुर्गों से कहना
की उनका अलार्म थोड़ी बाद में बजायें
आज सूरज ज़रा देर से उठेगा

(2)
कल से उसने कुछ भी नहीं खाया था
उसका पेट एकदम खाली था
जब सवेरे की पनिहारी पानी भर के जा रही थी
तो बस थोड़ा सा ठण्डा पानी पीया था उसने
फूलों पर गिरा हुआ
उसके मकान में रोशनदान फन फैलाए खड़ा था साँप की तरह
और उसकी शुआओं का चूल्हा बुझा पड़ा था ठण्डी आह की तरह
क्योंकि उसके बाप की लारी पर
एक भी खिलौना लेने नहीं आया था कोई दस दिनों से
(क्योंकि) कर्फ्यू में शूट एट साईट का ऑर्डर होता है भाई...
और इसीलिए उसकी माँ
सुबह से ही निकल पड़ी थी कुछ काम ढूँढ़ने को
कि अब तक नहीं लौटी थी घर
और सवेरे सवेरे ही सूरज ने आज
कै कर दी थी ख़ून की
टीवी पर उसने उसके बाप की लाश देख ली
और माँ का...रे...प...
चाँद के डॉक्टर को बुलाया था पड़ोसियों ने
तो वह हरामी काला चश्मा पहनकर आया
और पाँच आयुर्वेद की गोलियाँ और एक इन्जेक्शन देकर चला गया

अब उसका जिस्म काँप रहा है
अब उसका अक्स आसेब की तरह नाच रहा है
नसें सारी तन गयी हैं
आँखें लाल होकर चकरा रही हैं

उसके हाथ लरज़ा गये हैं
उसके पाँव बर्फा गये हैं
माथा कूट रहा है वह दीवारों से
डोल रहा है वह डाकला बजा के
बेखयाली में वह चिल्ला रहा है
बदहवासी में वह बौखला रहा है
दे रहा है वह माँ बहन की गन्दी गालियाँ
गा रहा है वह अपनी छाती कूट कर फातिया

अरे कोई इस पगले को बेड़ी में जकड़ो
अरे कोई इस सरफिरे को लोहे की साँकल में पकड़ो
अरे कोई इस बावले की पेशानी को छू के
नींबू मिर्च का टोनेवाला धागा बाँधो
कि सूरज को भूतबाधा हुई है
कि सूरज को भूतबाधा हुई है

❑❑